Zeit zu leben,
Zeit zu lieben

Richard und
Kristine Carlson

Zeit zu leben, Zeit zu lieben

Nutze jeden Tag, als wäre er dein letzter

Aus dem Amerikanischen
von Georg Hay

KNAUR

Originaltitel:
An hour to live, an hour to love
Originalverlag: Hyperion, New York

Besuchen Sie uns im Internet:
www.knaur.de

Die Folie des Schutzumschlags sowie die
Einschweißfolie sind PE-Folien und biologisch abbaubar.
Dieses Buch wurde auf chlor- und
säurefreiem Papier gedruckt.

Ein Unternehmen der Droemerschen Verlagsanstalt
Th. Knaur Nachf. GmbH & Co. KG, München
Published by arrangement with Linda Michaels Limited,
International Literary Agents

Redaktion: Franziska Beyer
Umschlaggestaltung: ZERO Werbeagentur, München
Umschlagfoto/-illustration:
getty images/Photodisc/Shakirov
Satz: Adobe InDesign im Verlag
Druck und Bindung: GGP Media GmbH, Pößneck
Printed in Germany
ISBN 978-3-426-65455-2

2 4 5 3 1

Inhalt:

In liebevollem Gedenken
widme ich dieses Buch
meinem Ehemann,
Seelenverwandten
und besten Freund
Richard Carlson,
dem einfühlsamen,
herzensguten Menschen,
der mit sich und der Welt
in Frieden lebte
und andere lehrte,
wie man
glücklich werden kann –
komme, was da wolle.

Dank

Zuallererst möchte ich den Millionen Lesern in aller Welt danken, denen Richards Bücher gefallen haben und die uns ihr Beileid ausgesprochen und uns in ihre Gebete eingeschlossen haben. Die starke Welle des Mitgefühls und der Beistand waren sehr tröstlich für uns.

Dann geht mein Dank an die folgenden Personen, die mich bei der Veröffentlichung dieses Buches in einer für mich äußerst schweren Zeit unterstützt haben: Patti Breitman, die ihren Ruhestand unterbrach, um mich nach außen zu vertreten und mir zu helfen, Richards Leben und Vermächtnis durch dieses Buch zu würdigen; Linda Michaels, unserer Agentin für die Auslandslizenzen, für ihre liebevolle Freundschaft und Ermutigung; Natalie Tucker als Beraterin und Redakteurin, die mir half, auch in den schlimmsten Phasen meines Trauerns bei der Sache zu bleiben; Leslie Wells und Bob Miller dafür, dass sie an dieses Buch glaubten. Ein besonderer Dank geht an all die irdischen Engel, unsere Familie und Freunde, die für uns da waren und Licht in die Dunkelheit auf unserem Weg durch das Tal der Tränen brachten.

Vor allem danke ich meinen Töchtern Jasmine und Kenna. In den vergangenen Monaten habt ihr euch genauso viel um mich gekümmert wie ich mich um euch. Ich würde für euch sterben, und für euch will ich nun weiterleben.

Euer Vater ist so stolz auf euch, und ihr wisst, wie sehr er euch liebt! Auch ich bin sehr stolz darauf, wie ihr euch jeden Tag dem Leben stellt und was für bemerkenswerte junge Damen ihr seid, obwohl diese Zeit zu den schwersten gehört, die ihr je durchmachen werdet. Wir vier werden als Familie immer in Liebe vereint sein.

Einführung

Mein Mann nahm mich bei der Hand und führte mich einen Fußweg entlang zu unserer geheimen Lieblingsbank, überdacht von Zypressen und Kiefern, mit Blick auf den Pazifik. Es waren noch ungefähr zwanzig Minuten bis zum Sonnenuntergang, und wir saßen engumschlungen, meinen Kopf an seine Schulter geschmiegt, und genossen voller Dankbarkeit den Augenblick und die Vorfreude auf ein Naturschauspiel. Schweigend überreichte er mir das mit Goldband verschnürte Papierbündel, das auf seinem Schoß lag. Vom

Deckblatt sprangen mir die Buchstaben fast entgegen, und ich las:

Noch eine Stunde zu leben:
Wen würdest du anrufen,
und worauf wartest du noch?
Für Kris, die Liebe meines Lebens,
an unserem achtzehnten Hochzeitstag.
Dein Richard

Es war mir ein bisschen peinlich, weil ich ihm nur eine Karte geschenkt hatte.

Dort oben auf der Klippe, während Richard der sinkenden Sonne zusah, las ich einen Text, wie ich ihn mir schöner nicht hätte erträumen können. Selbst als Geschenk von Richard Carlson, dem überaus produktiven Autor, war er bemerkenswert und ich fragte mich, was dahinterstecken könnte. Ich wandte ihm mein tränenüberströmtes Gesicht zu und fragte ihn, ob er vielleicht unheilbar krank sei. Aber er lachte und sagte: »Nein, ich bin nicht krank. Ich bin beflügelt von unserer Liebe und der Schönheit des Lebens. Ich musste das unbedingt einmal aussprechen.«

Wie ergreifend und überwältigend mir diese Mitteilung nun, drei Jahre später, erscheint. In den traurigsten Stunden meines Lebens, im Schmerz über seinen allzu frühen Tod, über den Verlust meines einzig Geliebten und unserer nun nie zu verwirklichenden Zukunftspläne, denke ich an seinen Brief – mein allerschönstes Geschenk überhaupt. Angesichts der offenkundigen Liebe, die aus diesen Zeilen spricht, verblassen all der Tiffany-Schnickschnack und die anderen wunderschönen Dinge, die für Geld zu haben sind. Mit jeder Faser meines Herzens bin ich davon überzeugt, dass die Liebe wirklich ewig währt. Sie ist das Herzstück unserer

Verbundenheit und Ausdruck des Lebens selbst; darin wird Richard ewig rein und lebendig bleiben. Ich bin für alle Zeiten mit ihm vereint. Dieses Geschenk verleiht mir und unseren Töchtern Kraft in einer Zeit, in der wir den Verlust betrauern und uns auf ein neues Leben vorbereiten: Es spendet uns Trost und Hoffnung zugleich. Es scheint, als habe Richard bei der Beschäftigung mit seiner eigenen Vergänglichkeit im Unterbewusstsein gespürt, dass er eines Tages ganz plötzlich abtreten müsste – was jedem von uns passieren könnte. Indem er seine innige Liebe und aufrichtige Wertschätzung zum Ausdruck brachte, ist er uns allen ein leuchtendes Vorbild für ein untadeliges und erfülltes Leben. Er hat mir etwas von sich gegeben, was mir dabei hilft, den Rest meines Lebens zu bestehen.

Ich werde Richard für immer in meinem Herzen bewahren, in dem Bewusstsein, dass er mich aufrichtig liebte und dass alles, was wir in unseren gemeinsamen fünfundzwanzig Jahren miteinander geteilt und verwirklicht haben, eine Herzensangelegenheit für ihn war. Wenn ich voller Freude und tiefer Dankbarkeit an all die wunderbaren Stunden zurückdenke, gibt es kaum etwas zu bereuen.

Ich wünsche mir, dass Sie diesen Text an jemanden weitergeben, der Ihnen viel bedeutet, und sich zu Herzen nehmen, was Richard oft verkündete: »Du wirst nicht dafür in Erinnerung bleiben, was du im Leben geleistet hast, sondern vor allem dafür, wie gut du gelebt und wie viel Liebe du gegeben hast.«

Achten Sie das Geschenk des Lebens, und erfreuen Sie sich an der wahren Geschichte vom schönsten Geschenk, das es je gab.

Zeit zu leben
Zeit zu lieben

Zeit zu leben

Von Richard Carlson

Ich war schon immer der Ansicht, dass man beim Nachdenken darüber, was ein lebenswertes Leben ausmacht – in dem man jeden Abschnitt zu schätzen weiß und zu jeder Entscheidung stehen kann –, am besten am Ende anfängt und zurückblickt. Dadurch befindet man sich in der erfreulichen Lage, sofort den richtigen Überblick zu haben, was in diesem Moment wirklich wichtig ist.

Mein absolutes Lieblingszitat stammt von Stephen Levine und lautet: »Wenn du nur noch eine Stunde zu leben hättest und nur einen einzigen Anruf tätigen könntest, wen würdest du anrufen, was würdest du sagen … und worauf wartest du noch?« Natürlich weiß niemand, wie lang er leben wird, und kaum jemand ist sich darüber im Klaren, welcher Segen tatsächlich in dem vermeintlichen Fluch liegt, zu wissen, dass wir eines Tages sterben müssen. Es bringt uns dazu, Risiken einzugehen, das Leben nicht für selbstverständlich zu erachten, sondern dankbar zu sein für das, was wir haben, und das Leben als echtes Wunder zu betrachten.

Meine erste unfreiwillige Begegnung mit dieser Erkenntnis fand vor achtzehn Jahren statt, als Robert, einer meiner besten Freunde, zusammen mit seiner Lebensgefährtin auf dem Weg zu meiner Hochzeit bei einem Autounfall – verursacht von einem betrunkenen Fahrer – ums Leben kam. Zwei Tage später hätte Robert mein Trauzeuge sein sollen. Sein

Tod rüttelte mich wach und ließ mich innehalten. Es war der schlimmste Moment meines bisherigen Lebens, der mich bis ins Mark erschütterte.

Ich kenne einige Sterbebegleiter, die für mich alle Heilige sind. Viele haben, natürlich halb im Scherz, zu mir gesagt: »Ich warte immer noch darauf, dass mal einer auf sein Leben zurückblickt und zu mir sagt: ›Hätte ich doch nur alles etwas enger gesehen.‹« Wer auch nur ein kleines bisschen darüber nachdenkt, weiß im Grunde seines Herzens, dass wir uns beim Blick zurück auf unser eigenes Leben ganz sicher nicht wünschen, wir hätten uns mehr Sorgen um Kleinigkeiten gemacht!

Wenn also klar ist, dass wir eines Tages, kurz vor dem Ende, auf unser Leben zurückblicken und uns Gedanken darüber machen werden, was wirklich zählt –

sollten wir dann nicht lieber sofort, gleich heute, damit anfangen, so zu leben? Sollten wir nicht unsere beruflichen Pläne, unseren Alltag, überhaupt unser ganzes Leben auf diesen unvermeidlichen Augenblick der Wahrheit hin ausrichten, der vermutlich schneller kommt, als wir uns vorstellen können? Nicht zufällig wird kaum ein anderer Spruch so häufig verwendet wie ›Die Zeit rast‹. Sie rast tatsächlich. Aber wenn wir nur fähig wären, unser Leben so zu leben, wie wir es im Innersten für richtig halten, hätten wir trotz allem ganz bestimmt ein reiches und erfülltes Leben. Wenn wir Stephen Levines Frage ehrlich beantworten und dementsprechend handeln, werden wir nichts, aber auch gar nichts zu bereuen haben.

Wen würdest du anrufen?

Ich kann Ihnen ganz genau sagen, wen ich nicht anrufen würde, wenn ich nur noch eine Stunde zu leben hätte: weder meinen Börsenmakler noch meinen Finanzberater, meinen Banker oder meinen Steuerberater. Damit wir uns nicht falsch verstehen: Das sind alles wunderbare Menschen, aber wissen zu wollen, wie viel Geld ich im Laufe meines Lebens angehäuft oder jetzt noch übrig habe – das käme mir wirklich nicht in den Sinn. Diese einst so wichtigen Dinge, wie die Rendite meiner Investment-Fonds oder mein aktueller Steuersatz, wären vollkommen belanglos. Wir verbringen so viel Lebenszeit damit, Leistung zu erbringen, um uns dann mit dem Erreichten zu identifizieren. Aber wenn einem nur noch eine Stunde Lebenszeit bleibt, kann man das, was man geleistet hat, nicht mehr besonders wichtig nehmen. Meine Trophäensammlung würde ich jedenfalls keines Blickes würdigen.

Ebenso wenig würde ich ins Büro gehen, um eventuell in letzter Minute noch irgendwelche anstehenden Arbeiten zu erledigen. Schließlich ist mein Posteingangsfach immer voll. Ich würde weder meinen Anrufbeantworter noch meine E-Mails, weder mein digitales Notizbuch noch den Pieper checken. Alle sogenannten dringenden Notfälle müssten warten. Immer schon hätte ich gern gewusst, ob die Welt untergeht, wenn ich mich um all diese Dinge nicht kümmern würde. Nun stelle ich mir vor, wie ich mich kurz vor meinem Ableben noch einmal umschaue, und endlich ist die Antwort klar: Die Welt wirkt so verrückt wie immer, aber sie wird ganz bestimmt ohne mich auskommen. Anscheinend habe ich mich und mein Schaffen überschätzt und alles ein bisschen zu wichtig genommen.

Wenn ich nur noch eine Stunde zu leben hätte, würde ich auch niemanden anrufen, der mir Geld schuldet oder der mir in irgendeiner Weise Unrecht getan hat. Wie viel Zeit ich über die Jahre mit solchen Sorgen vertan habe! Dabei sollte man keinen einzigen Gedanken daran verschwenden. In der verbleibenden Zeit möchte ich meine Gedanken lieber vollkommen zur Ruhe bringen und hier und jetzt diesen kostbaren Augenblick festhalten.

Wenn ich wollte, könnte ich überzeugend argumentieren, dass mir noch eine Menge Leute etwas schuldig sind, aber wissen Sie was? Es ist jetzt nicht der Zeitpunkt, sich darüber Gedanken zu machen. Wahrscheinlich geht es im Leben eben doch nicht darum, alles mit allem aufzurechnen. Stattdessen ist es viel leichter und macht auch viel mehr Spaß, Dinge einfach zu verschenken und sich darüber zu freuen. Geben erfordert letztlich weit weniger Energie als Nehmen, und außerdem ist das Geben selbst schon genug Belohnung. Wenn man etwas verschenkt – sei es Liebe, Mitgefühl, Ideen, die eigene Energie, Erkenntnis, Geld, Wertgegenstände, Kreativität, Leidenschaft, Zeit, Freundlichkeit oder was auch immer man sonst zu bieten hat – es fühlt sich richtig gut an, und letztlich kommt es genau darauf an. Noch nie habe ich eine gute Tat bereut, und in meinem ganzen Leben bin ich noch keinem begegnet, der gesagt hätte: »Wäre ich doch nur weniger freundlich oder weniger großzügig gewesen.«

Wie nicht wenige, die die vierzig überschritten haben, hatte ich in den letzten Jahren mit meinem Gewicht zu kämpfen.

Trotzdem kann ich Ihnen Brief und Siegel darauf geben, dass ich weder meinen Ernährungsberater noch meinen Hausarzt anrufen würde; auch auf eine allerletzte Werbeinformation über Wunderpillen, die mich zehn Pfund leichter und zehn Jahre jünger aussehen lassen, hätte ich sicher keine Lust. Ich bin überzeugt, dass mein eventuelles Übergewicht ungefähr so interessant für mich wäre wie mein Kontostand: Auf einer Skala von eins bis zehn bekäme es eine glatte Null.

Und noch etwas: Wenn ich nur noch eine Stunde zu leben hätte, würde ich auch nicht den Anwalt anrufen, der nach meinem Ableben meinen »Nachlass« verwaltet. All diese Sachen haben mir sowieso nie wirklich etwas bedeutet. Das ganze Zeug erschien mir immer eher als Belastung, als wäre es mir dauernd im Weg. Immer war es irgendwie zu viel, um damit fertig zu werden. Ich musste es kaufen, instand halten, aufbewahren, versichern, immer wissen, wo es sich gerade befand, Platz dafür schaffen, es von hier nach da bringen, es ersetzen und erneuern; und nun soll ich am Ende auch noch entscheiden, wer es nach mir bekommt. Was kümmert's mich?

Nein, wenn ich noch eine Stunde zu leben hätte und nur ein Telefonat führen könnte, würde ich meine Lebensgefährtin Kris anrufen. Wir beide sind seit achtzehn Jahren verheiratet, aber noch wichtiger ist mir, dass wir seit über zwanzig Jahren die besten Freunde sind. Es fällt mir schwer, das zu schreiben, ohne dass ich feuchte Augen bekomme, weil ich weiß, dass ich eines Tages diesen Anruf werde tätigen müssen, und dann hoffentlich Kris anrufen kann. Noch besser fände ich es, wenn ich dann bei ihr sein könnte.

Es ist nicht einfach zu beschreiben, was das Beste an unserer Beziehung ist. Zum Teil ist es das gemeinsame Lachen; wir haben so viel miteinander gelacht. Wenn wir zusammen sind, kommt uns das Leben meistens ziemlich lustig vor. Ich bin mir nicht immer sicher, ob sie mit mir lacht oder mich auslacht. Aber wie auch immer, es hilft mir, mich selbst oder das Leben nicht allzu ernst zu nehmen. Ich kenne niemanden, der so wenig Ansprüche stellt wie Kris. Sie ist einfach sie selbst und fühlt sich vollkommen wohl mit sich.

Als wir uns kennenlernten, war ich ein Spitzenspieler im Tennis-Team meines College und hätte in den Profisport einsteigen können. Das Problem dabei war, dass ich die Sache nur halbherzig betrieb und davon selbst gar nicht so begeistert war. Aber damals wollte ich es immer allen recht machen und hätte es niemals fertiggebracht, auf meine innere Stimme zu hören, die Profi-Ambitionen aufzugeben, und dadurch andere zu enttäuschen. Ich saß in der Falle. Praktisch alle meine Bekannten wollten mir das Weiterspielen schmackhaft machen. »Immerhin hast du ein Riesenpotenzial«, sagten sie. »Du bist ein guter College-Spieler, und vielleicht kommst du sogar bei den Profis groß raus.« Wen interessierte es schon, dass ich damit unglücklich war?

Aber wie sich herausstellte, gab es jemanden, dem es nicht egal war, und dieser Jemand war Kris. Sie war die Erste, die zu mir sagte: »Richard, wenn du nicht zufrieden bist, solltest du sofort aus dem Leistungssport aussteigen und anfangen, auf deine innere Stimme zu hören. Du musst das Ruder jetzt herumreißen.« Einen Monat später engagierte ich mich bei der Initiative »Große Brüder in Amerika« und zog mich allmählich aus dem Turniertennis zurück. Es war noch nicht oft passiert, dass ich meinem Herzen statt meinem Verstand gefolgt war. Für mich als »Großer Bruder« standen statt meiner eigenen nun die Bedürfnisse eines anderen im Vordergrund, wodurch ich mit der Zeit auch die intensive Freude und Befriedigung des Gebens kennenlernte. Diese wenigen Stunden in der Woche bedeuteten mir mehr als der ganze Rest der Woche, und das Tennis vermisste ich überhaupt nicht. Diese Zeit wurde zu einem wichtigen Wendepunkt in meinem Leben, und das verdanke ich Kris.

Kris und ich sind uns einig, dass unser größtes Glück im gemeinsamen Leben mit unseren beiden Kindern Jazzy und Kenna besteht. Wie so viele Eltern, wüsste ich gar nicht, wo anfangen, um zu beschreiben, wie viel Freude sie in unser

Leben gebracht haben. Auf die mit ihnen verbrachte Zeit hätte ich um keinen Preis der Welt verzichtet. Sie sind ganz eigene Persönlichkeiten, was die Tatsache unterstreicht, dass es nicht uns als Verdienst angerechnet werden kann, dass sie so sind, wie sie sind. Wir haben uns um sie gekümmert und sie nach bestem Wissen angeleitet; und obwohl wir auch hin und wieder ein paar Auseinandersetzungen hatten, habe ich so eine Ahnung, dass sie ganz tolle Menschen werden.

Gott in seiner Güte hat uns Jazzy und Kenna geschenkt, und so haben wir sie auch immer gesehen: als einen Segen und ein Geschenk. Beide gehen sie nun eigene Wege, und ich finde kaum Worte dafür, wie dankbar ich bin, dass es mir gestattet war, sie aufwachsen zu sehen und an ihrem Leben teilzuhaben. Ich bereue nicht eine Millisekunde unserer gemeinsamen Zeit. Jetzt kann ich tatsächlich mit einiger Berechtigung behaupten, dass es stimmt, dass es wirklich stimmt: Man bereut es niemals, im Job und zum Chef und zu anderen Verpflichtungen »nein« gesagt zu haben, um zu den eigenen Kindern, dem Partner und der Familie »ja« sagen zu können.

Natürlich scheint es manchmal schwierig zu sein, aber wissen Sie, wenn Sie eines Tages zurückblicken, werden Sie froh darüber sein. Davon bin ich zutiefst überzeugt. Also vergessen Sie die Schuldgefühle. Entscheiden Sie sich einfach, das Richtige zu tun. Am Ende sind Sie froh darüber, dafür lege ich meine Hand ins Feuer.

Was würdest du sagen?

In der letzten Stunde meines Lebens habe ich hoffentlich bereits allen meinen Freunden, der Familie und meinen zwei Töchtern Lebewohl gesagt. Wenn in dieser letzten Stunde nur eine einzige Person bei mir sein dürfte, würde ich die Zeit gerne mit meiner Frau Kris zu Hause verbringen, am liebsten vor einem prasselnden Kaminfeuer und mit dem Geräusch von Regentropfen auf dem Dach. Und was würde ich ihr sagen? Ich glaube, wenn irgend möglich, würde ich ungefähr Folgendes sagen:

»Kris, vor allem möchte ich dir sagen, wie sehr ich dich liebe und schätze und wie sehr ich unsere Beziehung schätze; es gibt da so einiges, das du wissen solltest, bevor ich mich verabschiede:

Erstens sollst du wissen, ich würde

keine Sekunde überlegen, sondern mein Leben mit dir sofort noch einmal leben, wenn ich könnte. Danke, dass du immer für mich da warst, wenn wieder einmal meine menschlichen Schwächen zum Vorschein kamen. Danke, dass du mich mit all meinen Fehlern akzeptiert, mich bei der Hand genommen und auf den höchsten Höhenflügen und durch die tiefsten Krisen liebend begleitet hast. Du hast mir immer empfohlen, meinem Gefühl zu vertrauen, und wenn ich es nicht hören wollte, hast du dich still neben mich gesetzt und meine Hand auf mein Herz gelegt, um mich daran zu erinnern. Immer hast du darauf bestanden, dass es viel wichtiger als jeder noch so große Erfolg ist, der Stimme seines Herzens zu folgen, und dass du dir nichts sehnlicher wünschst, als dass ich glücklich bin. Und immer wusste ich, dass du es wirklich ernst meinst.

Danke, dass du unseren wunderbaren Töchtern so eine großartige Mutter bist. Ich habe dir nicht oft genug gesagt, wie sehr ich die Liebe, mit der du unsere Familie tagtäglich so verschwenderisch beschenkst, zu schätzen wusste. Genauso wie die unglaubliche Hilfsbereitschaft, die du so vielen Menschen gegenüber – nicht nur in unserer Gemeinde – gezeigt hast. Ich schätze mich glücklich, mein Leben mit jemandem wie dir verbracht zu haben, der so lieb und freundlich ist, und zwar Tag für Tag.

Ganz besonders gern erinnere ich mich daran, wie wir Hand in Hand mit den Kindern am Meer spazieren gingen. Wie sehr habe ich das alles geliebt: das Geräusch der brechenden Wellen, die herrlichen Felsen, die Vögel am Himmel und wenn ab und zu ein Wal vorüberschwamm. Ich mochte es sehr, wenn der Wind mit deinem Haar spielte und es zerzauste – und ganz besonders gefiel mir, dass es dir völlig egal war.

Auch unsere Spaziergänge durch den sommerlichen Garten habe ich genossen und ganz besonders die prächtigen Sonnenblumen, die du jedes Jahr gepflanzt hast. Deine Lieblingsblumen – immer strahlend, schön anzuschauen, offen und freundlich! Erinnerst du dich, dass wir uns immer einig waren, beim Anblick einer Sonnenblume unmöglich deprimiert bleiben zu können? Und dass wir sie – wenn sie so weit waren – gemeinsam pflückten, um damit unser Heim zu schmücken?

Es gab allerdings nicht nur glückliche und sorglose Zeiten. Aber rückblickend kommt es mir so vor, als ob sogar die damals scheinbar so schwierigen Phasen notwendige Passagen unserer Reise, unerlässliche Teilstücke im Gewebe unseres gemeinsamen Lebens waren.

Wahrscheinlich erinnerst du dich nur allzu gut an jene entscheidende Zeit in meiner Schriftstellerkarriere, als ich es fast nicht mehr ausgehalten hätte und schon ans Aufhören dachte. Schreiben war meine Leidenschaft, mein Traumjob, den ich sogar umsonst gerne gemacht hätte. Das Problem war nur, dass ich sogar nach neun Büchern und zwei Kindern kaum etwas anderes vorzuweisen hatte! Mit den Büchern verdiente ich herzlich wenig und musste nachts daran arbeiten, weil ich tagsüber Brotjobs erledigen musste – um die Rechnungen zu bezahlen.

Ich weiß noch, dass ich mir ausmalte, wie toll es wäre, ohne Schlaf auszukommen, und vor dir und anderen Leuten damit prahlte, dass ich jede Nacht mit nur vier Stunden Schlaf auskomme. Du hast zu mir gesagt: ›Pass bloß auf, was du tust, und o Mann, wie recht du hattest! Ich hatte keine Ahnung, dass aus meiner fixen Idee echte Schlafstörungen werden würden – Schlaflosigkeit inbegriffen. Es ist schon komisch: Die ersten zwölf Jahre unserer Ehe habe ich versucht, wach zu bleiben, und seitdem sehne ich mich jede Nacht verzweifelt nach ein bisschen Schlaf!

Als wir endlich zu etwas Geld gekommen waren, beschloss ich, meine eigene Internetfirma zu gründen. Offensichtlich war ich etwas überheblich geworden und hielt mich für ein Genie. Aber das war ziemlich bald vorbei, nicht wahr? Ich weiß es zu schätzen, dass du während dieser Tortur nie den Humor verloren hast. Ich muss mich wie ein kompletter Idiot benommen haben, aber du hast nur die komische Seite des Ganzen gesehen. Sogar als ich dir gestand, dass wir möglicherweise alles verlieren könnten, hast du einfach nur zugehört, weil du die Angst in meinen Augen gesehen hast. Nie hast du dich aus der Ruhe bringen lassen oder mir irgendwelche Standpauken gehalten.

Stattdessen, Kris, hast du immer wieder darauf hingewiesen, dass wir doch einander und gesunde Kinder haben, was letzten Endes das Einzige sei, was zählt. Jetzt, wo ich den ganzen Schlamassel und Blödsinn hinter mir habe, ist mir klar, dass du recht hattest. Selbst wenn wir alles verloren hätten, wäre die Welt nicht untergegangen. Wir hätten es irgendwie doch geschafft, wie andere auch. Aus dieser Zeit habe ich eine Menge über Habgier gelernt und wie verlockend sie sein kann. Ich habe erkannt, wie viel besser unser Leben seither ist, und um wie viel zufriedener wir mit dem sind, was wir haben.

Wie oft haben wir wohl zusammen im Bett gelegen und unseren Morgenkaffee getrunken? Es müssen Tausende Male gewesen sein. Das war immer mein Lieblingsritual mit dir – zuerst der Kaffee, danach unsere kurze Meditation. Ist es nicht witzig, dass alles, was wir beide gern gemeinsam gemacht haben, nicht viel Geld gekostet hat? Ich erinnere mich, dass du mir mal – als wir noch ziemlich jung waren – eine Karte geschenkt hast, auf der stand: *Die schönsten Dinge im Leben sind keine Dinge*. Und du hattest ja so recht damit! Weißt du, Kris, du hattest mit so vielem recht. Im Lauf der Zeit bekam ich sehr viel öffentliche Anerkennung, aber eigentlich warst du diejenige, die wusste, wo es langgeht.

Erinnerst du dich an die Nacht, als meine Großmutter Emily starb? Ich hatte während ihrer letzten Lebenstage sehr viel Zeit mit ihr verbracht, konnte aber nicht bei ihr sein, als sie für immer die Augen schloss. Als der Anruf von meinem Dad kam, verlor ich beinahe die Besinnung. Nachdem ich aufgelegt hatte, legte ich meinen Kopf auf den Tisch und fing an zu weinen. Als du hereinkamst, wusstest du sofort, was passiert war – dass sie gestorben war. Ich weiß noch, dass du mich ganz, ganz lange in den Arm genommen hast. Nach ungefähr einer Stunde oder mehr hast du gesagt: ›Großmama geht es jetzt sicher wunderbar, und sie liebt dich immer noch sehr. Alles wird gut.‹ Keine Ahnung, ob es die Worte selbst waren oder die Art, wie du zu mir gesprochen hast – auf jeden Fall hat es mir geholfen.

Aber abgesehen von solch großen Momenten gab es immer wieder Zeiten, wo mich Kleinigkeiten auf die Palme brachten. Dann hast du einfach nur gelächelt und gesagt: ›Na ja, was wir selber am nötigsten haben, können wir anderen am besten beibringen.‹ Womit du mir taktvoll klargemacht hast, dass ich keine Ausnahme bin, sondern mich wie jeder Mensch mit Alltagsproblemen herumschlagen muss.

Wenn ich noch einmal von vorn anfangen könnte, würde ich weniger reden und mehr zuhören, besonders dir und den Kindern. Mich von meinen Mädchen zu verabschieden – ich musste weinen, weil mir klar wurde, dass ich ihnen all die Jahre nicht annähernd genug zugehört hatte, obwohl sie doch so viel zu sagen hätten. In meinem Drang, ihnen meine eigenen Einsichten zu vermitteln, habe ich es versäumt, mir ihre anzuhören. Das würde ich auf jeden Fall anders machen, und es wäre auch ziemlich einfach gewesen.

Weißt du noch, als Jazzy und ich für

einen Vater-Tochter-Ausflug ans Meer fuhren? Sie war damals etwa fünf Jahre alt. Im Hotelzimmer brauchte sie fast eine Stunde, um sich schön zu machen und ihr schickstes Kleid anzuziehen; ich sagte ihr, wie gut sie mir gefiele und dass ich sie überallhin zum Abendessen ausführen würde – irgendwo unten am Strand. Sie überlegte eine Minute und wusste dann, wo sie hinwollte: ›Zu Taco Bell!‹ Also gingen wir zum Imbiss Taco Bell – sie in ihrem wunderschönen Kleid – , setzten uns auf die Klippen und schauten auf den Pazifik. Sie kann sich immer noch an dieses ›Date‹ erinnern, genau wie ich.

Als Kenna sechs war, fuhren sie und ich zusammen in ein schönes Ferienhotel in der Nähe von Lake Tahoe. Wir hatten geplant, den Tag draußen im Schnee zu verbringen, aber wir hatten drinnen so viel Spaß, dass wir gar nicht mehr dazu kamen. Kenna sprang auf den Betten herum und malte Bilder, mit denen sie die Fenster zupflasterte. Wir spielten Spiele, die sie sich eins nach dem anderen ausdachte, und der Zimmerservice war absolut perfekt! Mitternacht war bereits vorüber, als sie endlich in meinen Armen einschlief. Wie jung ich mich an diesem Tag gefühlt habe! Nie werde ich vergessen, wie ich sie einfach im Arm hielt und ansah, während mir die Tränen in die Augen stiegen, weil ich nicht fassen konnte, womit ich so viel Glück verdient hatte.

Könnte ich mein Leben noch einmal von vorn beginnen, würde ich viel weniger Energie darauf verschwenden, mir Dinge zu wünschen, die ich nicht habe, aber viel mehr Wert darauf legen, das, was ich habe, auch zu genießen. Eigentlich liegt die Erkenntnis auf der Hand, und wir haben sie unser Leben lang direkt vor der Nase: Es macht nicht glücklich, das zu bekommen, was man will, sondern das zu wollen, was man hat. Du scheinst das immer gewusst zu haben, Kris.

Und auch von etwas anderem bin ich felsenfest überzeugt: Wenn ich noch einmal von vorn anfangen könnte, würde ich es nicht immer, wenn überhaupt, so eilig haben. Wozu? Am Ende des Lebens hält man endlich einmal inne und denkt darüber nach, und auf einmal sieht man völlig klar. Man erkennt, wie absurd dieses ganze Gehetze eigentlich ist, dass es sogar komisch und lächerlich wirkt. Der ständige Konkurrenzkampf findet nur in unserem Kopf statt und ist so unnötig wie ein Kropf. Wir hetzen uns ab, aber wofür? Das Einzige, was dabei herauskommt, ist, dass wir nicht mehr in der Lage sind, wirklich sinnvolle und gründliche Erfahrungen zu machen. Jetzt ist mir klar, dass die Leute dauernd dem Glück nachjagen. Das ist aber ziemlich widersinnig, denn erst wenn wir das Tempo ein bisschen drosseln, kann das Glück uns vielleicht einholen.

Die Hälfte meines Lebens habe ich damit verbracht, anderen beizubringen, »präsent« zu sein, aber rückblickend muss ich sagen, dass ich durch meine eigene Rastlosigkeit selber nicht ganz so präsent war, wie ich es hätte sein können. Ich hätte noch glücklicher und fröhlicher sein können, wenn ich einfach nur etwas kürzer getreten und die Reise genossen hätte. Wohin bin ich denn überhaupt gerannt? Ich war immer direkt hier und bin es noch! Es erscheint mir jetzt alles so merkwürdig und so offensichtlich.

Das gehört zu den Dingen, die ich am meisten an dir bewundere, Kris – die Fähigkeit, für mich, für andere und im

Leben generell »da zu sein«. Du hetzt nicht so viel herum wie die meisten von uns. Du besitzt die Fähigkeit, im Hier und Jetzt ganz bei mir zu sein. Deshalb fühle ich mich in deiner Nähe immer als etwas Besonderes. Bei dir habe ich das Gefühl, du wärst nirgendwo lieber als hier bei mir, selbst wenn ich weiß, dass du eigentlich jede Menge Dinge zu erledigen hast. Nie hatte ich den Eindruck, wir müssten nach Paris oder Rom jetten, um uns zu amüsieren; es hat immer Spaß gemacht, einfach nur mit dir zusammen zu sein. Wenn du mich nach einem harten Tag an der Hand genommen hast und wir zusammen in den Garten gingen, war das jedes Mal wie Urlaub für mich. Und dann haben wir uns einfach nur hingesetzt und ein Glas gekühltes Wasser getrunken. Weißt du noch, wie oft ich im Scherz gesagt habe: ›Eine halbe Stunde mit dir im Garten ist entspannender als drei Tage in einem teuren Wellness-Hotel‹? Du hast genau gewusst, was ich brauchte, und hast selbst so viel Ruhe ausgestrahlt, dass ich mich erholen konnte. Wie reich beschenkt ich mich all die Jahre dadurch gefühlt habe!

Wenn ich noch einmal neu anfangen könnte, würde ich nicht mehr so vieles, was ich im Grunde meines Herzens tun will, so leichtfertig und so häufig aufschieben. Großer Gott, hätte ich nur gewusst, wie falsch das war. Das heißt, ich dachte eigentlich, ich wüsste es, wusste es auch irgendwie, tat es aber dennoch – ich schob die wirklich wichtigen Dinge vor mir her. Ich sagte zum Beispiel: ›Im Moment ist unheimlich viel los‹, als ob der nächste Monat, wie durch Zauberhand, auf einmal weniger anstrengend sein würde. Ich bin auf meine eigenen Sprüche hereingefallen, obwohl ich andere exakt davor gewarnt habe. Deine Einstellung war eher, dass man den Augenblick genießen sollte – und dass die unerledigten Papierstapel und unbeantworteten Anrufe auch noch da sind, wenn man an den Schreibtisch zurückkommt. Und wieder hattest du recht. Du hast mich also liebevoll an der Hand genommen, und wir sind losgezogen. Gott sei Dank, dass wenigstens einer von uns genug Verstand bewiesen hat!

Am allermeisten habe ich an dir geschätzt, Kris, dass ich nie, nicht ein einziges Mal, seit ich dich kenne, das Gefühl hatte, du würdest mich nicht genau so lieben, wie ich nun mal bin. Wenn ich mir besonders großartig vorkam, warst du nicht besonders beeindruckt, und wenn es mir hundeelend ging, warst du jedes Mal für mich da. Nichts hat dich aus der Fassung gebracht, und du hast nie von mir erwartet, perfekt zu sein, mehr zu sein als ein normaler Kerl mit all seinen Fehlern, der sich abplagt wie alle anderen auch. Sogar wenn alle meinten, dass es mir gut ginge, ich aber insgeheim Kummer hatte, hast du mir einfach, ohne großes Tamtam, deine Liebe gezeigt wie immer. Du hast mich so bedingungslos geliebt, wie es überhaupt möglich ist und wie du es auch bei anderen gemacht hast – bei deinen Freunden, unseren Kindern, anderen Familienmitgliedern und Leuten, denen wir helfen wollten. Von dem Menschen, den man selbst mehr liebt als alles auf der Welt, auf diese Weise geliebt zu werden, fühlt sich ganz unglaublich an. Mir fehlen tatsächlich die Worte dafür, außer zu sagen, dass ich im nächsten Leben gern selber so wäre.

Es heißt ja, dass im Moment des Todes noch einmal das ganze Leben wie im Zeitraffer an einem vorbeizieht. Ganz so geht es mir nicht, aber manches ist mir in aller Deutlichkeit klargeworden. Könnte ich noch einmal von vorn anfangen, wäre ich dir, wie auch allen anderen gegenüber, viel liebevoller – und würde viel weniger Dank erwarten. Jetzt erst erkenne ich, dass im Leben eigentlich nur Liebe, Anteilnahme, Mitgefühl und Güte zählen. Mutter Teresa hat einmal gesagt: ›Wir können auf Erden nichts Großes vollbringen. Wir können nur kleine Dinge mit großer Hingabe tun.‹ Ich bin so froh, dass wir unser gemeinsames Leben nach diesem Prinzip geführt haben, auch in dem Wissen, dass selbst kleine Dinge große Bedeutung haben, wenn man das Herz auf dem rechten Fleck hat.

Ich bin so stolz auf dich, Kris, und dankbar, dass du zu den Leuten gehörst, die das Herz auf dem rechten Fleck haben. Wohl hundertmal hast du mich gefragt:

›Wozu sind wir eigentlich auf der Welt?‹ Und an deiner Seite habe ich die Überzeugung gewonnen, dass die Antwort lautet: Wir sind hier, um unseren Mitmenschen und Gott zu dienen. Alles andere ist zweitrangig, weil Liebe, Güte, Mitgefühl, menschliche Nähe und Seelengröße ewig in Erinnerung bleiben.

Ich werde dich und unsere beiden wunderbaren Kinder nie vergessen. Danke, dass du dein Leben mit mir geteilt hast. Alles wird gut. Für mich sowieso und ganz besonders für dich und die Mädchen. Ihr seid alle so klug und habt noch so viel Schönes vor euch. Ich liebe euch alle sehr. Meine Lebensreise ist einfach großartig gewesen.

Fast ist es Zeit, Lebewohl zu sagen, aber im Grunde meines Herzens weiß ich, dass es nicht für immer sein wird. Ich bin überzeugt, dass wir uns wiedersehen – irgendwie, irgendwo, in irgendeiner Form. In den wenigen Augenblicken, die uns noch bleiben, möchte ich einfach ruhig hier mit dir sitzen und dem Regen und dem Knistern des Feuers lauschen. Ich möchte dich ein letztes Mal in die Arme nehmen – dich ganz fest drücken. Wenn ich noch mal von vorn beginnen könnte, würde ich alle viel öfter umarmen, besonders dich und unsere Mädchen. Danke, Kris, danke, dass du so bist, wie du bist. Ich liebe dich.«

Worauf wartest du noch?

Ich verrate Ihnen den Schlüssel zu einem guten Leben: Dinge, die Sie nicht kümmern würden, wenn Ihr letztes Stündlein geschlagen hat, sollten Sie auch im Laufe Ihres Lebens nicht so wichtig nehmen.

Wenn man es recht bedenkt, ist es ein Wunder, dass wir überhaupt hier sind. Das Leben an sich ist bereits ein überwältigendes Abenteuer. Als Kenna noch ganz klein war, sagte sie am Morgen nach dem Aufwachen immer zu Kris: »Mami, krieg ich noch so einen?« Womit sie meinte: »Ich kriege einen neuen Tag!« Immer wenn sie das sagte, bekam ich eine Gänsehaut, weil sie den Nagel auf den Kopf traf. Man stelle sich vor, so voller Dankbarkeit zu sein, dass man jeden Tag glücklich aufwacht, einfach weil man sich des Lebens freut – an der Luft zum Atmen, an der Schönheit der Natur und vielleicht sogar an einem lieben Menschen neben sich. Das fasst zusammen, was man zu schätzen weiß, wenn man dem Tod nahe ist. Plötzlich erfüllt uns dieser Augenblick, den wir gerade erleben, mit positiven Gedanken und Gefühlen. Wenn wir nur begreifen würden, was für ein Wunder das Leben doch ist, könnten wir es täglich neu erleben, und jeder einzelne Moment wäre von Bedeutung.

Damit wir uns nicht falsch verstehen: Wir alle haben notwendigerweise Verpflichtungen, tragen Verantwortung und setzen Prioritäten – wie zum Beispiel finanzielle Sicherheit, beruflichen Erfolg und gesellschaftliches Ansehen. Wir haben Ziele, Träume, Ambitionen und müssen Widerstände überwinden. Zusätzlich müssen wir uns konkreten Herausforderungen stellen, mit Schwierigkeiten fertig werden, neue Leute kennenlernen, alle möglichen Beziehungen pflegen und so weiter und so fort. Auch Oberflächlichkeiten gehören zum Leben irgendwie dazu, zum Beispiel unser Lebensstil, die Höhe unseres Einkommens, die Automarke unserer Wahl, die Besitztümer, die wir anhäufen, unsere äußere Erscheinung und Ähnliches. Das ist schön und gut und vernünftig, aber nichts von alledem wird uns je glücklich machen.

Was uns wirklich glücklich und zufrieden macht, ist jenes »entscheidende Quentchen«, eben das, womit wir uns am Ende unseres Lebens beschäftigen wollen. Es ist unbedingt notwendig, uns jetzt schon zu entscheiden, was wirklich wichtig ist für unser Leben. Mit wem würden Sie also reden wollen, wenn Sie nur noch eine Stunde zu leben hätten? Worüber würden Sie sprechen? Und vor allem – worauf warten Sie noch?

Zeit zu lieben

von Kristine Carlson

Die folgenden Zeilen sind eine Hommage an die Glaubwürdigkeit von Richards Ratschlägen. Als seine Frau kann ich bezeugen, wie er lebte und was er am besten konnte: bedingungslos lieben und in der Gegenwart leben. Meine Worte sollen als Erweiterung seiner Botschaft dienen, und ich möchte damit all jenen etwas zurückgeben, von denen wir im Laufe der Jahre so viel bekommen haben. Sie sind eine Antwort auf das Geschenk, das er mir an unserem achtzehnten Hochzeitstag machte, drei Jahre vor seinem Tod. Darüber hinaus sind sie ein Geschenk an mich selbst und an unsere Töchter Jasmine und Kenna, zu Beginn dieses unglaublich umfassenden Trauerprozesses.

Scheinbar nimmt diese Antwort ihren Ausgang von einem Endpunkt, oder zumindest – den Beileidsbezeugungen nach zu urteilen – sehen das die anderen so. Richards Tod hat mich bis ins Mark erschüttert und mein Innerstes so gewaltsam offengelegt, dass ich verletzlicher und ungeschützter bin als je zuvor. Doch zu meiner Überraschung hat diese Öffnung ein wahres Wunder bewirkt.

Durch Richards Tod bin ich aus einem tiefen Schlaf erwacht und habe die Wiedergeburt meiner Seele erlebt. Dieser Prozess (und es ist wirklich ein Prozess) war einerseits fast unerträglich qualvoll für mich, andererseits habe ich manchmal so etwas wie Glück empfunden. Im Allgemeinen würde sicherlich kein Mensch – auch ich nicht – mit dem Tod das Wort »Glück« verbinden, und doch habe ich es so erlebt.

Die bemerkenswert innige Verbundenheit, die zwischen Richard und mir im Leben bestand, war nicht von der Art, die mit dem physischen Tod aufhört zu existieren. Als wir uns kennenlernten, war das für mich, als wäre ich endlich zu Hause angekommen. Unsere Liebe zueinander wurde immer stärker, und wir wuchsen zusammen als Seelenverwandte und Partner in jeder Hinsicht. Unser gemeinsames Leben erstreckte sich über fünfundzwanzig Jahre, und nie gab es den geringsten Zweifel, dass wir das ganze Leben – von dem wir glaubten, dass es noch eine ganze Weile dauern würde – zusammenbleiben wollten.

Doch dann, am 13. Dezember 2006, ging

Richard aus dem Haus, stieg in ein Flugzeug und kam nicht mehr zurück. Plötzlich und ohne Schmerzen war er im Schlaf an einer Lungenembolie gestorben.

Nun verstehe ich, warum nach dem Tod eines Menschen dessen langjähriger Partner oft sehr bald ebenfalls stirbt. Ich bin erst dreiundvierzig Jahre alt und habe erfahren müssen, wie unerträglich schmerzhaft die Sehnsucht nach dem Menschen sein kann, der von uns gegangen ist. Die Leere ist manchmal geradezu überwältigend. Ich könnte diesen Verlust nicht überleben, wenn ich nicht immer noch seine Liebe spüren und mich mit ihm verbunden fühlen würde – da bin ich mir vollkommen sicher.

Die Trauer ist der allerletzte Liebesbeweis, oder kann es zumindest sein. Im Rahmen der Liebe ist alles möglich, und dazu gehören auch Glücksgefühle angesichts unsagbaren Leids und Gewinn durch Verlust. Ich bin froh und dankbar, dass es diese kleinen Perlen im Trauerprozess gibt, denn ich glaube, dass ohne sie kein Mensch diese Art von Trauer heil überstehen könnte.

Unserer Liebe wegen wohnt diesem Ende ein Anfang inne. Wegen der intensiven Liebe zwischen Richard und mir in unserer gemeinsamen Zeit bin ich stark genug, mehr zu tun, als mich in einen Abgrund von Traurigkeit fallen zu lassen, weil Richard nicht mehr da ist. Zum Beispiel ist mir vollkommen bewusst, dass ich vor der Entscheidung stehe, wie ich den Rest meiner Lebensreise gestalten will. Es ist, als hätte ich die Wahl zwischen zwei Türen: Hinter der rechten fände ich strahlend helles Licht, spirituelle Bewusstheit und Ströme von Liebe. Hinter der linken fände ich totale Finsternis und schwärzeste Nacht. Wenn ich beide Türen betrachte und beide Möglichkeiten ins Auge fasse, wird mir bewusst, wie viel meine Entscheidung bewegen kann.

Das Leben besteht aus einer Abfolge von Entscheidungen, die uns zu allen möglichen Orten führen können; und selbst wenn man denkt – bevor einen das Unglück trifft –, man könnte einen solchen Schicksalsschlag niemals verkraften, hat man eine Wahl, wie man weiterleben will. Nicht im Traum hätte ich mir vorstellen können, auch nur eine einzige Stunde ohne Richard zu leben; und als ich erfuhr, dass diese Stunde jetzt gekommen war, wünschte ich mir zunächst wirklich, ebenfalls zu sterben. Aber der Gedanke an meine Töchter machte mir klar, dass ich weitermachen musste und wollte. Es stand einfach nicht zur Debatte, mich absichtlich davonzustehlen. Beeinflussen wir nicht immer auf irgendeine Weise unser Schicksal, indem wir ständig entscheiden, durch welche Tür wir treten?

Weil ich an mir selbst erlebe, wie sehr das Leid zum Menschsein gehört, entscheide ich mich an verschiedenen Tagen für jeweils die eine oder die andere Tür und durchlebe jeden Augenblick, wie er kommt; das Dunkle wie das Helle ist mir willkommen, um die Fülle des Lebens voll auszuschöpfen. Die Wahrheit ist, dass ich trotz allem Schmerz, aller Sehnsucht und allen Verlustgefühlen auch eine enorme Dankbarkeit empfinde für die dadurch erfahrene Erweckung zu neuem Leben; und ich schwöre mir, nie wieder wie eine Schlafwandlerin durchs Leben zu gehen. Wie es so schön heißt, geht das Leben ja weiter, aber man sollte den Spruch dahingehend verbessern, dass das Leben weitergeht, wenn man ganz und gar wach ist.

Wenn andere uns ihr Beileid aussprechen, sagen sie oft, wie leid wir ihnen tun und wie ungerecht es ist. Auch ich habe mich oft gefragt: »Warum ist das gerade uns passiert?« (und glauben Sie mir, ich befinde mich jeden Tag auf einer Achterbahn der Gefühle). Ist das nun ungerecht? Der Tod ist das Schicksal aller Menschen und somit vielleicht uns allen gegenüber unfair, aber trotzdem entkommt ihm keiner. Viele Leute leben tatsächlich in der Illusion, dass einem nur Gutes widerfährt, solange man selbst ein guter Mensch ist. Und wenn wir uns richtig ernähren und genug bewegen und auch sonst alles richtig machen, leben wir, als müssten wir überhaupt nicht sterben. Es geht eigentlich gar nicht um Gerechtigkeit. Ich frage mich, wie ich angesichts des bemerkenswert wunderbaren und erfüllten Lebens, mit dem ich an Richards Seite gesegnet war, je das Gefühl haben könnte, irgendetwas an meinem Leben sei ungerecht, einschließlich seines zu frühen Ablebens. Die Tatsache, dass ich in meinem schmerzlichen Verlust nicht zu dieser Art bitterem Groll neige, ist ein Zeugnis seiner Liebe und der Art, wie wir unser Leben gemeinsam gemeistert haben. Es ist ein Beweis für die Macht der Liebe und ein gut gelebtes Leben.

Die Leute fragen mich häufig nach meiner Zukunft, und ich frage zurück: Welche Zukunft? Ich bin nur für das Heute verantwortlich. Ganz in der Gegenwart zu leben ist meine einzige Chance, das hier durchzustehen und nicht in das große schwarze Loch zu fallen, das uns alle verschlingt, wenn wir ihm Gelegenheit dazu geben. Ich bin nur diesem Augenblick und diesem Tag verpflichtet, weil es eigentlich für jeden von uns nichts gibt außer dem Heute, wie Richard mir durch sein Vorbild gezeigt hat.

Insofern war es eine Ausnahme, dass Richard sich in die Zukunft katapultierte, um zurückblicken zu können. Er hinterfragte sein Sterblichsein mit der Absicht, umso besser im Heute leben zu können, so, als sei jeder Tag sein letzter. Darum geht es in seiner Botschaft an mich zu unserem Hochzeitstag. Was für ein Geschenk! Eigentlich hat mir mein Mann einen Brief geschrieben für den Fall, dass er eines Tages plötzlich aus dem Haus gehen und nicht mehr heimkommen würde. Wie sich herausstellte, verließ er diese Welt bemerkenswert erfüllt und spendete mir großen Trost und Frieden, als meine Seele von Nacht umfangen war. Was für ein perfektes Beispiel für sein Vermächtnis; was für ein erstaunlicher Lehrer! Richard lebte als ganz normaler Mensch, aber ohne Scheu, ungewöhnliche Dinge auszusprechen, um dann mit allerhöchster Integrität die Prinzipien, die er predigte, auch zu leben – in Demut und Würde. Er behandelte jeden mit der gleichen sanften Liebenswürdigkeit, ob Lebensmittelhändler, persönlicher Assistent oder Dalai-Lama.

In unserem gemeinsamen Leben habe ich so viel von Richard gelernt; wer hätte geahnt, dass ich durch seinen Tod genauso viel lernen würde? Meiner Erfahrung nach gibt es nichts Effektiveres als die Trauer, um vom eigenen Ego aufgebaute Barrieren niederzureißen und sich seelisch zu öffnen. Ich habe Richard immer wieder bei seinen öffentlichen Auftritten beobachtet und dabei erkannt, dass er tief aus seinem Inneren und seinem spirituellem Wesen schöpfte. Er hatte eine äußerst starke Präsenz. Wenn er sprach, dröhnte seine Stimme nicht, sondern glich einem Flüstern. Er war so leise und eins mit sich, dass man völlig in seinen Bann geriet. Seine Zuhörer wagten kaum zu atmen, damit ihnen auch ja kein Wort entging. Es war wie ein Zauber, weil er echten inneren Frieden ausstrahlte und gleichzeitig jeder Anwesende seine Präsenz spürte.

Aus dem Verlust heraus, der mir die Augen öffnete, habe ich meine Aufgabe darin gefunden, das Vermächtnis von Richards Leben und Wirken weiterzutragen. Nur so kann ich meinen Weg in dieser Welt machen. Das Leben ist eine überwältigende Erfahrung, die alles in sich birgt, und vieles würden wir uns nicht absichtlich wünschen – ganz besonders Kummer und Leid. Richard und ich treffen uns nun auf der Ebene des Spirituellen, unsere Seelen kommunizieren. Unsere Liebe besteht als Verbindungskanal weiter und überwindet die Grenzen von Raum und Zeit. Obwohl die Trennung von einem geliebten Menschen noch im besten Falle schmerzlich ist, habe ich Trost gefunden in der Überzeugung, dass eine große Liebe wirklich für die Ewigkeit ist und nie vergeht.

Dies ist zwar eine Liebesgeschichte, aber dahinter verbirgt sich eine Liebesaffäre mit dem Leben selbst. Unsere Liebe kann als Beispiel dafür dienen, welche Möglichkeiten in jeder Beziehung stecken. Wir alle können uns Zeit nehmen, um zu erkennen und zu würdigen, was ein uns nahestehender Mensch uns gibt – ob Partner, Eltern, Bruder, Schwester, Lehrer oder Freund. Warum behalten wir für uns, was wir fühlen, und nehmen gar nicht mehr wahr, was wir an den Menschen haben, die uns etwas bedeuten und mit denen wir die meiste Zeit verbringen? Die Menschen wollen hören, dass sie gut gelebt und geliebt haben, und jeder von uns ist in der Lage, dieses Geschenk zu machen. Die allerwichtigste Frage, die man sich stellen kann, lautet: Welche Art von Beziehungen wollen wir führen, und wie können wir uns gegenseitig hegen und pflegen? Warum noch länger warten auszusprechen, welche Bedeutung diese Beziehungen für uns haben, und damit den großartigsten Ausdruck der Liebe – tiefempfundene Anerkennung – verweigern? Wir alle können diese Welt genauso erfüllt verlassen wie Richard, wenn wir uns nur die Zeit nehmen, uns über die Bedeutung unserer wichtigsten zwischenmenschlichen Verbindungen Gedanken zu machen und darüber, was wir zu ihrem Gelingen beitragen können. Warum sollen wir warten?

Richard mit solcher Unbedingtheit zu lieben und von ihm ebenso geliebt zu werden hat mich ganz zu mir selbst finden lassen und mich und mein Leben entscheidend verändert. Selbst in unserer stürmischsten Zeit, als wir mit den allseits bekannten Alltagsschwierigkeiten zu kämpfen hatten, haben wir die Dinge mit liebevoller Rücksicht aufeinander und auf unsere Töchter geregelt. Nur sehr selten haben wir unsere schlechte Laune am jeweils anderen abreagiert, und selbst dann folgte die Entschuldigung auf dem Fuße, und wir waren wieder ein Herz und eine Seele. Am wichtigsten für unsere unerschütterliche Verbundenheit war stets die Frage: »Wie kann ich dir helfen und dich unterstützen?« Wir empfanden uneingeschränkte Hochachtung voreinander, und obwohl wir uns als Team sahen, respektierten wir uns auch als Individuen. Eine Beziehung wie die unsere gibt es nur selten auf dieser Welt; es war fast so, als würden wir einander ständig, ganz ohne Anstrengung, die Bälle zuspielen.

Um es ganz klar zu sagen: Alles, was mir Richard in seinem Brief schrieb, ist wie ein Spiegelbild dessen, was er mir zurückgab, und mehr. Um ehrlich zu sein, fiel es mir nicht leicht, meinen Beitrag zu unserer Ehe und dem gemeinsamen Leben zu leisten, weil Richards Energie unerschöpflich schien und er nie müde wurde, sich nützlich zu machen. Ich fand es immer schier unglaublich, wie er es schaffte, mehr als in Vollzeit seinem Beruf nachzugehen, sich ausführlich seiner Familie zu widmen, sich mit seinen Freunden zum Lunch zu treffen, jedes Fußballspiel und jeden Cheerleader-Wettkampf seiner Töchter zu besuchen und sich oft am späten Nachmittag noch um das Abendessen zu kümmern. Sogar die starken körperlichen Schmerzen, unter denen er wegen eines Bandscheibenvorfalls in der Lendenwirbelsäule in den letzten drei Jahren seines Lebens litt, nahm er klaglos hin, ohne seine Umgebung damit zu belästigen; stattdessen schöpfte er Kraft und Trost aus seiner Spiritualität und schrieb sogar immer mehr Zeitungsbeiträge und Bücher. Als er diese Welt verließ, hing sein Herz kaum an materiellen Dingen; umso mehr schätzte er die Liebe und Verbundenheit in seinen Beziehungen. Richard Carlson weilte unter uns als Vorbild: ein Mann reinen Herzens, der bewusst spirituell lebte und liebte.

Jeden Tag kann ich Richard spüren. Wenn ich ganz bei mir bin, trage ich ihn im Herzen; ich höre ihn wie ein Flüstern, das meine lautstarke Unsicherheit und Angst übertönt. Physisches und Spirituelles sind in einer Ehe miteinander verwoben; auf der physischen Ebene habe ich

Richard verloren, aber unsere spirituelle Verbindung besteht weiter. Die Liebe währt tatsächlich ewig. Es gibt eine göttliche Ordnung. Was aus Liebe geschieht, und sei es scheinbar noch so klein und unbedeutend, überdauert bis in alle Ewigkeit – daran glaube ich.

Mehr über Richard Carlson finden Sie auf folgenden Internet-Seiten:

www.DontSweat.com
www.RichardCarlson.com
(eine Gedenkseite)

Das folgende Gedicht von

NORMA CORNETT MAREK

war Richards Lieblingsgedicht

Tomorrow never comes

If I knew it would be the last time
that I'd see you fall asleep,
I would tuck you in more tightly,
and pray the Lord your soul to keep.

If I knew it would be the last time
that I'd see you walk out the door,
I would give you a hug and kiss,
and call you back for one just more.

If I knew it would be the last time
I'd hear your voice lifted up in praise,
I would tape each word and action,
and play them back throughout my days.

If I knew it would be the last time,
I would spare an extra minute or two,
To stop and say »I love you,«
instead of assuming you know I do.

So just in case tomorrow never comes,
and today is all I get,
I'd like to say how much I love you,
and I hope we never will forget.
Tomorrow is not promised to anyone,
young or old alike,
And today may be the last chance
you get to hold your loved one tight.

So if you're waiting for tomorrow,
why not do it today?
For if tomorrow never comes,
you'll surely regret the day

That you didn't take that extra time
for a smile, a hug, or a kiss,
And you were too busy to grant someone,
what turned out to be their one last wish.

So hold your loved ones close today,
and whisper in their ear,
That you love them very much,
and you'll always hold them dear.
Take time to say »I'm sorry,«
»Please forgive me,«
»thank you« or »it's okay.«
And if tomorrow never comes,
you'll have no regrets about today.

Ein »Morgen« gibt es nicht

Wüsste ich, es ist das letzte Mal,
dass ich dir beim Einschlafen zusehe,
würde ich dich noch fester zudecken
und dich in mein Nachtgebet einschließen.

Wüsste ich, es ist das letzte Mal,
dass ich dich aus der Tür gehen sehe,
würde ich dich umarmen und küssen,
und dich noch einmal
in die Arme schließen.

Wüsste ich, es ist das letzte Mal,
dass du mein Loblied singst,
würde ich jedes Wort und jede Geste

aufzeichnen und bis ans Ende meiner Tage
immer wieder abspielen.

Wüsste ich, es ist das letzte Mal,
nähme ich mir Zeit,
nur zwei Minuten davon,
für die Worte »Ich liebe dich«,
statt anzunehmen, du wüsstest es schon.

Also gesetzt den Fall, es gibt kein Morgen
und es bleibt das Heute nur,
will ich dir sagen,
wie sehr ich dich liebe –
und hoffentlich vergessen wir's nie.

Keiner hat ein Recht auf morgen, ganz
gleich ob alt, ob jung,
und vielleicht hast du heute
die letzte Chance,
den Liebsten ans Herz zu drücken.

Wenn du also bis morgen wartest –
könntest du es nicht auch heute schon tun?
Denn falls es kein Morgen gibt,
wird es dir ganz bestimmt leidtun,
dass du gegeizt hast mit deiner Zeit
für ein Lächeln, einen Kuss,
eine Umarmung gar,
und zu beschäftigt warst,
um jemandem einen Wunsch zu erfüllen,
den letzten offenbar.

Also drück deine Lieben jetzt innig ans
Herz und flüstere ihnen ins Ohr,
wie sehr du sie liebst und dass du sie
immer im Herzen behalten wirst.
Nimm dir die Zeit,
um Verzeihung zu bitten,
›tut mir leid‹ zu sagen,
›danke‹ oder ›es wird schon‹.
Und sollte es kein Morgen geben, muss es
dir wegen heute nicht leidtun.

Norma Cornett Marek
»Tomorrow Never Comes«
(auch unter dem Titel
»Heartwhispers« veröffentlicht)
ist in Liebe dem Andenken
Sammys gewidmet,
Norma Cornett Mareks Sohn.
Genehmigter Nachdruck.

Auf den folgenden Seiten
können Sie Ihre eigene Antwort
auf die Frage niederschreiben:
»Wenn du noch eine Stunde
zu leben hättest
und einen Telefonanruf
tätigen könntest,
wen würdest du anrufen,
was würdest du sagen
und worauf wartest du noch?«

Über Richard Carlson

Der Psychologe Richard Carlson erreichte internationales Renommee als Bestsellerautor und Vortragsredner. Er starb 2006 im Alter von nur 45 Jahren. Seine Frau Kristine lebt mit den beiden gemeinsamen Kindern in Kalifornien.

Von Richard Carlson sind bei Knaur folgende Werke erschienen:

100 Regeln für Erfolg im Beruf
(66237)

100 Regeln für ein gutes Leben
(66176)

Das Leben ist ein Geschenk
(77939)